ÉLOGE

DE

M.ʳ WILLEMET,

LU A LA SÉANCE PUBLIQUE

DE L'ACADÉMIE DE NANCY,

LE 20 AOUT 1807,

Par M. le Docteur HALDAT, *Secrétaire*
de cette Académie.

A NANCY,

De l'Imprimerie de VIGNEULLE, Imprimeur de l'Académie,
rue J.-J. Rousseau (*ci-devant des Dominicains*), n.º 174.

SEPTEMBRE, 1807.

ÉLOGE

DE

Mr WILLEMET,

*Lu à la Séance publique de l'Académie de Nancy,
le 20 Août 1807, par M. le Docteur HALDAT,
Secrétaire de cette Académie.*

MESSIEURS,

EN me chargeant de l'éloge de M. WILLEMET, vous saviez que l'éloquence est inutile, pour louer un homme dont toute la vie a été remplie d'actions louables; je me suis donc contenté de les rassembler, persuadé que le portrait vous plaira d'autant plus, qu'il sera moins orné. Puisse ce dernier devoir rendu à mon cher collègue, à mon respectable ami, être un digne témoignage de nos regrets sur sa perte, et de notre attachement à sa mémoire !

REMI WILLEMET, doyen des Pharmaciens, professeur d'histoire naturelle, directeur du jardin des plantes de la ville de Nancy, membre de la Société Académique de la même ville, du Conseil d'Agriculture du Département de la Meurthe, et d'un grand nombre de Sociétés Savantes, nationales et étrangères, est né à Norroi, le 13 Septembre, 1735. Ses parens, Suédois d'origine, avaient peu de fortune ; ils lui firent cependant commencer des études en l'université de Pont-à-Mousson ; mais elle furent interrompues, à ce qu'il paraît, et son éducation négligée semblait le destiner à une carrière bien différente de celle des sciences, lorsqu'il y fut ramené par une circonstance qui a influé sur toute sa vie. M. WILLEMET avait un oncle Jésuite à Nancy, qui était chargé de la direction d'une pharmacie très-accréditée, et qui l'appela pour le former à l'administration de cet établissement. Il commença, comme tous les étudians, par se familiariser avec les noms et la physionomie de ces substances si nombreuses et si variées dans lesquelles la faible humanité cherche des remèdes à ses maux, et acquit la connaissance pratique des règles relatives à la récolte, à la conservation, au mélange des drogues. Mais que sont les pratiques routinières pour celui qui veut exercer avec honneur une profession de laquelle dépendent la santé et la vie des hommes ? Le jeune Pharmacien en sentit bientôt l'insuffisance, et chercha dans les livres les connaissances théoriques qui lui manquaient. L'histoire naturelle des substances médicamenteuses, la science de l'action intime et réciproque que plusieurs exercent les unes sur les autres et des produits qui en résultent, celle de leur puissance sur l'économie animale, piquèrent vivement sa curiosité et lui montrèrent l'étendue et les difficultés d'un art dont il n'avait encore appris que la partie mécanique. Une connaissance conduit à une autre : il n'avait jusqu'alors vu que les débris informes et altérés de ces végétaux dont il lisait tant de merveilles ; il voulut faire connaissance avec les êtres vivans auxquels ces produits avaient appartenu : il devint ainsi botaniste. Ses loisirs employés à parcourir les environs lui firent bientôt connaître les plantes utiles qui s'y rencontrent, et l'exercice auquel cette étude le força, fortifia une santé dont il a long-temps joui sans altération.

Une excellente mémoire, une ardeur infatigable à l'étude, procurèrent promptement à M. Willemet, non-seulement assez de connaissances pour être utile à son oncle et à l'établissement dont il partageait les soins, mais encore pour faire désirer qu'il en devînt le directeur principal. Les Jésuites, si habiles à connaître les hommes, lui proposèrent d'entrer dans leur ordre : aucun des moyens propres à l'y déterminer ne fut épargné : les douceurs de la vie monastique, l'honnête liberté dont jouissaient les membres de la Société, la considération dont ils étaient entourés, lui furent présentés avec art; la faiblesse de sa santé qui le condamnait, disait-on, au célibat, fournissait encore d'autres argumens également spécieux. Il eût cédé peut — être aux sollicitations des religieux dont il avait reçu beaucoup de témoignages de bienveillance, aux désirs d'un oncle qui était son bienfaiteur, lorsque la société de Jésus fut supprimée en Lorraine.

Rendu à lui-même, il chercha à utiliser les talens qu'il avait acquis, et traita avec l'un des membres du collége de pharmacie qui lui céda son privilège. Cette concession donnait bien la propriété d'une pharmacie, mais non le droit d'y exercer les fonctions de Pharmacien : on ne l'obtenait qu'en donnant des preuves de savoir, et les membres du collége en étaient juges. M. Willemet se présenta pour se conformer au réglement ; ses examinateurs craignant apparemment une concurrence qu'ils imaginaient ne pas devoir leur être avantageuse, lui opposèrent les statuts de leur corporation qui, exigeaient du candidat une attestation de trois années d'études chez un maître de la ville légalement reçu, et d'une année en pays étrangers. La difficulté fut portée au conseil du

Roi de Pologne, Duc de Lorraine. Stanislas , le Bien-
faisant, ce Prince philosophe, qui connaissait également le respect dû aux loix conservatrices des intérêts
communs et l'abus que l'on en fait lorsqu'on les em-
ploie à servir des passions et des intérêts particuliers ,
accorda une exception en faveur du bon témoignage
qui lui fut rendu sur les mœurs et l'instruction du
candidat. Il lui permit de faire preuve de ses connaissances : ce qui atteignait également le but de la
loi, à quelque source qu'il ait pu les puiser. Ce fut
alors que ses examinateurs irrités lui suscitèrent une
multitude de difficultés : les épreuves ne furent pas
seulement rigides , on les surchargea à dessein de for-
malités inutiles et ridicules. On éloignait les examens,
on les différait sous des prétextes vains, on altérait la
forme des substances et la nature des remèdes qu'on
lui donnait à deviner comme autant d'énigmes : cela
dégénéra enfin en de véritables puérilités. Mais tous
ces moyens, peu dignes du collége , ne servirent qu'à
mettre plus en évidence les connaissances du jeune
Pharmacien, et à convaincre ses examinateurs de l'injus-
tice qu'il y aurait à l'empêcher d'exercer un état dont
il réunissait toutes les qualités. Il fut admis en
1762 ; et bientôt après, la pharmacie dont il prit l'administration , devint une des plus employées ; le public
voulant le dédommager ainsi des tracasseries qu'il avait
éprouvées.

Assuré d'un état honorable et lucratif, M. WILLEMET
se remit à l'étude avec une nouvelle ardeur ; il appro-
fondit les connaissances pharmaceutiques dont il venait
de donner des preuves ; il se perfectionna dans l'histoire naturelle et sur-tout dans la botanique qu'il
aimait avec passion et qu'il cultiva pendant toute sa

vie avec des succès connus dans toute l'Europe. Le Collége de médecine de Nancy lui décerna en 1766 le titre de Démonstrateur de Chimie et de Botanique ; dans le même temps l'Académie de Nancy couronna sa dissertation sur la racine de houblon substituée à la solesparoille du Pérou. Un début aussi flatteur dans la carrière des sciences ne pouvait que l'encourager : il publia, par la voie des journaux, des dissertations qui attirèrent l'attention des savans et déterminèrent plusieurs académies à le choisir pour correspondant. La Société patriotique de Hesse-Hombourg le nomma directeur du comité établi à Nancy, et le Landgrave lui écrivit à ce sujet une lettre qui contient les expressions les plus flatteuses. Le Baron de Haller le présenta à la société économique de Berne, et Vicq-d'Azir à celle de médecine de Paris. Ainsi s'accumulaient sur lui des titres académiques d'autant plus honorables qu'ils n'avaient pas été sollicités : il en réunit dans la suite un grand nombre d'autres que lui décernèrent la plupart des Sociétés savantes de l'Europe. (1).

Le désir d'étaler de vains titres, qui font si souvent ressortir la petitesse du personnage qui les porte , ne l'avait

---

(1) *Il était membre de l'Académie Impériale des Curieux de la nature, des Académies de Dijon, Rouen, Bordeaux , Orléans , Arras , Mayence, Gottingue , Stockolm , des Sociétés économiques, botaniques, et physiques de Suède , Leipsick , Bâle , Burghausen , etc. , des Sociétés de médecine , d'histoire naturelle , philomatique , galvanique et d'agriculture de Paris, de la Société Linnéenne , des Sociétés d'agriculture , arts et commerce de Montpellier , de Lyon , de Vaucluse, de la Société de médecine de Toulouse, de Montpellier et d'Évreux.*

pas engagé à les accepter ; il aimait les sociétés savantes, par amour pour les sciences. Bien différent de ces hommes qui n'ayant pu se faire une réputation par d'utiles travaux, la cherchent en répandant un vernis de ridicule sur ces établissemens au sein desquels sont nées la plupart des découvertes dont s'honore l'humanité ; il savait combien la réunion des lumières est utile dans la recherche de la vérité, combien les inventions nouvelles se per-fectionnent par la discussion, combien l'émulation est propre à vaincre cette paresse si naturelle à l'homme, combien enfin sont capables d'exciter ce noble sentiment, ces réunions qui, pour n'être pas composées d'hommes, tous capables de produire, le sont toujours de mem-bres en état de juger les productions des autres. C'était sous ce point de vue qu'il considérait les associations savantes ; personne n'en remplissait plus exactement les devoirs : il payait non-seulement avec une exactitude rigoureuse le tribut que chaque membre doit au corps, mais il établissait même des relations entre les Sociétés nationales et étrangères auxquelles il appartenait, et leur servait d'intermédiaire pour l'é-change des découvertes qu'elles faisaient.

En 1774 l'Académie de Lyon avait proposé aux médecins et aux naturalistes, de rechercher dans les plantes indigènes celles qui pourraient être substituées au *séné*, à *l'ipecacuhana* et au *kinkina* ; donnant ensuite plus d'extension à son programme, elle avait gé-néralisé la question et doublé la récompense. Ce sujet était trop analogue aux études de notre collègue pour ne pas attirer son attention : la connaissance des formes extérieures à laquelle beaucoup de naturalistes s'arrê-tent uniquement, n'avait été pour lui que le moyen de s'élever à une science plus importante, celle de leurs

propriétés. Il rassembla d'abord les connaissances épar-
ses sur les vertus des plantes indigènes , analogues aux
exotiques les plus célébrés ; l'air de famille que l'on
remarque souvent entre les végétaux qui ont les mê-
mes qualités , l'analogie tirée des propriétés physiques
et chimiques , lui servirent à déterminer d'autres
espèces , propres à remplacer les espèces étrangères.
L'analogie , si utile dans les recherches physiques , eut
peut-être suffi dans une question moins importante ;
mais dans celle-ci , ce n'était pas assez que les végétaux
que l'on voulait substituer les uns aux autres , présen-
tassent des traits de ressemblance extérieure , qu'ils eussent
des propriétés communes ; il fallait encore que des
expériences directes servissent à constater l'identité
entre les propriétés médicamenteuses.

M. Coste, président du comité des inspecteurs du
service de santé , alors médecin de l'hôpital militaire de
Nancy, se chargea de cette tâche importante. Chaque végétal indigène fut essayé comparativement au végétal exo-
tique auquel on voulait le substituer ; et lorsque les expériences furent en assez grand nombre , les deux
Savans réunirent leurs travaux , et l'ouvrage fut pré-
senté à l'Académie de Lyon , sous le titre d'*Essais
botaniques, chimiques et pharmaceutiques, sur quelques plantes indigènes , substituées avec succès à des
végétaux exotiques auxquels on a joint des observations
médicinales sur le même sujet.* Les deux auteurs par-
tagèrent la couronne décernée à leur commune production
, et le public eut l'avantage d'en jouir quelque
temps après, sous le titre de *Matière médicale , indigène*, etc. (1). Affranchir la médecine de l'usage de

------

(1) *In-8.º à Nancy, chez la veuve Leclerc*, 1793.

médicamens étrangers dont mille circonstances peuvent nous priver, rapprocher le remède des besoins du malade, lui montrer la providence occupée à lui fournir des soulagemens dans le lieu même où se trouvent les causes des maladies : c'était rendre un grand service à l'humanité, à la médecine et à la philosophie. Aussi les journaux nationaux et étrangers retentirent long-temps des éloges que l'on devait à un travail si louable, et qui, pour n'avoir pas rendu absolument inutile le commerce des drogues étrangères, nous avait cependant montré, chez nous, des ressources précieuses, ignorées jusqu'alors, et nous avait fait connaître ce que des recherches ultérieures pouvaient nous promettre. Deux éditions de cet ouvrage s'épuisèrent promptement : il fut traduit en plusieurs langues, les administrations de plusieurs grands hôpitaux s'empressèrent de profiter de découvertes qui, diminuant le prix des remèdes, permettaient de secourir un plus grand nombre de malheureux.

L'Académie de Nancy couronna en 1779, un nouvel ouvrage de M. WILLEMET, intitulé : *Phytographie économique de la Lorraine*. (1) L'Académie de Lyon accorda le même honneur, en 1787, à un mémoire intitulé : *Lichénographie économique, ou Histoire des Lichens utiles . etc.* (2) et en 1790 à un second écrit sur la famille des plantes étoilées : *Monographie pour servir à l'histoire naturelle des plantes étoilées* (3). Dans

____

(1) *In-8.º* 1780, *à Nancy, chez la veuve Leclerc.*

(2) *In-8.º* 1787, *à Lyon, chez Piestre et de la Moliere.*

(3) *In-8.º à Strasbourg*, 1791, *chez Amand Kœnig.*

tous ces ouvrages , l'Auteur a rassemblé des connaissances qui nous rendent précieux des végétaux que le
vulgaire foule inconsidérément aux pieds, et nous atta-
chent davantage à la conservation, à la propagation
d'êtres , qui ne sont pas seulement destinés à servir de
parure au sol que nous habitons, mais encore à fournir à nos besoins et à nos plaisirs.

Des succès aussi nombreux semblaient présager au savant
modeste , à l'homme modéré dans ses goûts , le plus
heureux avenir; mais la fortune semble souvent ne
nous favoriser que pour nous rendre plus terribles les
coups qu'elle nous prépare en secret. M. WILLEMET avait
un fils (1) dont il avait extrêmement soigné l'éducation :
des connaissances très-précoces dans l'étude des langues anciennes et vivantes, dans celle de l'antiquité ,
de la médecine et sur-tout de l'histoire naturelle , l'an-
nonçaient au monde savant, sous les plus heureux
auspices (2). Médecin des hôpitaux militaires de Strasbourg, membre du Collége de médecine de Nancy , et
de plusieurs Sociétés savantes ; déjà des cours de phy-
siologie et de botanique dans lesquels il avait montré
des lumières étendues et la plus heureuse facilité , l'a-
vaient fait connaître avantageusement : déjà plusieurs
dissertations sur des sujets de médecine ou d'histoire
naturelle accueillies et goûtées du public, promettaient
à la Lorraine un autre savant, qui eût fait le bonheur de sa famille et de ses amis , si moins tourmenté
de la passion de la gloire et du désir d'accroître ses
connaissances, il eût voulu se contenter de la chercher

----

(1) *Voyez le premier vol. des Actes de la Société
d'histoire naturelle de Paris , page* 127 , *par M.
Millin.*
(2) *Pierre-Remi-François-de-Paul WILLEMET.*

par des moyens plus longs, mais aussi certains dans leurs résultats. Il ne croyait pouvoir la trouver que dans un voyage lointain, qui eût promptement acquis à la science un grand nombre de faits nouveaux ; elle ne lui paraissait suffisante que lorsqu'elle aurait été acquise par de grandes fatigues, par une entreprise hardie et périlleuse. Depuis long-temps son imagination l'entraînait hors des bornes de l'Europe, dont les productions lui semblaient trop connues pour offrir au naturaliste, avide de nouvelles découvertes, l'espérance d'une moisson abondante.

Les ambassadeurs envoyés à Louis XVI par Tipoo-Saïb, roi de Misore, allaient retourner dans leur pays (1788). Ils désiraient emmener des savans et des artistes qui transportassent chez eux les sciences d'Europe. Le jeune WILLEMET se présenta et fut accepté avec joie. Les réflexions et les conseils de ses amis, les sollicitations de ses parens, les regrets de son père ne purent l'arrêter. La gloire des Forster, des Thunberg, des Desfontaines, etc., lui faisait oublier les malheurs des Coock, des Lapeyrouse, des Monge, des Lamanon : il partit. Le Cap, où il relâcha, fut le premier théâtre de ses recherches ; il y recueillit un grand nombre de plantes, dont le catalogue fut envoyé à M. Millin, mais qui ne purent être publiées, à cause de la perte des échantillons destinés à la vérification des espèces. Arrivé dans les états de Tipoo, en 1790, il fut envoyé par ce prince à Seringa-Patnam, et chargé de la santé de ses femmes. Livré à une pratique considérable dans la ville, s'abandonnant sans mesure aux excursions botaniques dans lesquelles il s'exposait aux plus grandes fatigues et à tous les périls dont elles sont accompagnées dans ces climats, il succomba à de si grands travaux. Il avait, dit-on, prévu sa mort (1), et envoyé son herbier au Muséum impérial d'histoire naturelle de Paris : mais ce recueil n'y est pas arrivé...... Ainsi périt ce jeune naturaliste aussi distingué par ses grandes connaissances, son ardent amour pour la science que par les qualités de son cœur.

La nouvelle de sa mort a pénétré M. WILLEMET de la plus profonde douleur et a répandu sur le reste de sa vie une teinte de mélancolie, d'autant plus inévitable que tous les objets de la science qu'il cultivait lui rappelaient ce

(1) *Je ne puis m'empêcher de rapporter ici le récit que M. Belin de Ballu, associé de l'Institut, met dans la bouche de M. de Bellac, dans un livre intitulé : Mémoires et Voyage d'un Émigré. Je ne sais jusqu'à quel point sont exacts les détails qu'il renferme ; mais ils sont propres à peindre M. WILLEMET. « Resté seul avec M. WILLEMET, dit M. de Bellac, » je lui témoignai combien j'étais reconnaissant des » services qu'il m'avait rendus. Je suis satisfait, » répondit cet excellent jeune homme, d'avoir réussi » à vous obliger, j'aurai terminé ma vie par une » bonne action ; je sens que le terme n'en est pas » éloigné : ma poitrine est considérablement affectée, » mes forces diminuent de jour en jour, je ne dois » plus m'attendre à revoir ma patrie. Retournez-y, » cher de Bellac, reportez à mes compatriotes, à mes » amis, et principalement à mon père, le regret que » j'ai de mourir si loin d'eux. Que celui-ci me par— » donne d'avoir préféré mon amour pour la science » à la sagesse de ses conseils, sur-tout que mes » richesses botaniques ne périssent pas, je vous en fais » le dépositaire ; je vous remettrai mon herbier, à votre » départ, conservez-le précieusement, et le publiez » ou du moins déposez-le au Cabinet d'histoire natu— » relle de Paris, etc. »*

fils chéri, auquel il en avait donné les premiers principes. Le soin extrême qu'il a pris de conserver, au-dedans de lui, un chagrin qu'il savait ne pouvoir diminuer en le partageant, nous donne la mesure de son malheur. A cette époque, accablé d'ennui, miné par une tristesse d'autant plus désespérante, qu'il était dans la nécessité d'en dissimuler la cause à une épouse à laquelle il avait lieu de craindre qu'elle ne devînt funeste, ce malheureux père semblait ne plus s'occuper de sa réputation, puisqu'elle devenait inutile à ce fils auquel il destinait cet honorable héritage. D'autres sources de chagrin vinrent encore se joindre à celle-ci ; la révolution avoit éclaté. La France n'aguères si calme et si florissante n'offrait plus qu'une vaste arêne, où les partis soûs les armes n'attendaient que le moment de se précipiter les uns sur les autres : la fureur des passions, substituée aux principes de la raison et de la justice, les échafauds dressés de toute part et préparés aux hommes les plus honnêtes et les plus éclairés, les écoles abandonnées, les sciences proscrites, les familles désunies, tous les liens de la société relâchés et prêts à se rompre, avaient converti pour lui sa patrie en une terre étrangère. Quel rôle pouvait jouer sur ce théâtre, le bon, le sensible Willemet ? Il gémissait en secret des malheurs de ses compatriotes, et cherchait dans la culture et dans l'étude des plantes les moyens de se distraire de pensées aussi affligeantes (1).

---

(1) M. *Willemet* racontait dans ses cours, à l'article de la famille des Rhus, *une anecdote bien propre à peindre ces temps malheureux, et qui peut faire pendant au certificat de civisme accordé* au berger d'Aubenton. *Elle concerne le docteur Dufresnoi de Valenciennes. Ce médecin qui a fait beaucoup*

Cependant, fatigués de leurs fureurs, les partis devaient s'éteindre, les passions s'amortir, et de l'excès du mal résulter un ordre meilleur. Les ténèbres diminuées, on sentit de nouveau le besoin des lumières, et la nécessité de rétablir des corps enseignans qui pussent ratta-cher à l'étude des sciences, à la pratique des vertus, une jeunesse si long-temps négligée : et les écoles cen-trales furent instituées. L'histoire naturelle, si propre à développer l'intelligence des jeunes gens, et à former leurs mœurs par la contemplation des merveilles de la nature, occupait avec raison un des premiers rangs dans l'enseignement de ces écoles. La réputation de M. Wil-lemet, son caractère l'appelait à la chaire d'histoire naturelle ; mais une circonstance dont notre commune ne peut que se glorifier, ne permit pas qu'il l'occupât seul. Un autre candidat, également recommandable, M. Nicolas, ancien professeur de l'Université de Nancy, associé de l'Institut de France, s'était mis sur les rangs. Le Jury désirant conserver à l'enseignement deux savans, dont la réputation était propre à en assurer les succès,

---

d'expériences sur les vertus médicinales du Rhus *radi-cans, ayant perdu les plants qu'il cultivait, écrivit à un de ses amis à Cambrai, de lui envoyer d'autres* Rhus. *Sa lettre fut arrêtée, et les membres du* Comité *qui se connoissaient mieux en exploits révolutionnaires qu'en histoire naturelle, y virent un appel aux armées Russes. Le malheureux naturaliste fut jeté dans un cachot. Joseph* Lebon, *aux yeux duquel c'était un un grand crime d'avoir parlé des* rhus, *l'avait déjà dé-signé à ses bourreaux : et il eût péri, si ce tigre altéré de carnage, n'eût été lui-même arrêté quelques jours après.*

les y attacha l'un et l'autre. M. WILLEMET fut chargé
de la botanique, et bientôt après, par la retraite de
M. NICOLAS, il réunit toutes les parties de cet
enseignement. Lé Jury le nomma sans concours, con-
vaincu, comme il le dit alors, « qu'il ne pouvait y avoir
» aucun avantage à y appeler le public, notre collègue
» ne pouvant rencontrer d'émule. »

Le jardin botanique de cette ville, dont il devint directeur, fut le premier objet dont il s'occupa.
Abandonné long-temps aux soins d'un jardinier,
sans traitement, ce beau monument de la bienfai-
sance et des lumières de STANISLAS, n'offrait plus
qu'un vaste champ à défricher ; les plus belles espèces
étaient dégradées ou perdues. Le zèle du directeur y
suppléa d'abord par les espèces du pays qu'il y fit trans-
porter ; et bientôt, par le secours de ses savans amis,
le jardin recouvra toutes les plantes qu'il avait perdues.
Walh et Thunberg lui envoyèrent les graines des plantes
du Nord, Cavanille, celles du Midi, et le savant et modeste
M. Thouin, celles de France qui lui manquaient. Cet
établissement, augmenté depuis par les soins et la bienveillance de M. Marquis, Préfet de ce département, s'est
encore embelli, et doit être compté au nombre des jardins
botaniques les plus riches de France.

Bientôt après, il ouvrit des cours d'histoire naturelle
qui réunirent beaucoup d'éleves. La botanique qu'il
cultiva toujours avec une affection particulière, fut sur-
tout suivie d'un grand nombre d'étudians et de curieux.
Sa première leçon était consacrée à l'éloge historique de
Linnée, dont il a constamment enseigné la méthode
comme la plus généralement admise, et sur-tout la
plus commode pour acquérir promptement la connaissance de la physionomie des végétaux. Dans cet éloge

qu'il prononçait avec l'expression du sentiment, il re-
levait les grands services que ce beau génie a rendus à
l'histoire naturelle, et s'attachait sur-tout à faire ressortir les qualités du cœur de celui dont il se nommait
le disciple avec orgueil ; il le peignait bon , généreux,
compatissant , modeste , complaisant pour les éleves,
inaccessible à l'envie, assez grand pour souffrir la cri-
tique sans jamais l'exercer ; il le caractérisait enfin par
ces qualités qu'il s'emblait s'être proposées pour modèle,
autant que les écrits de ce grand naturaliste. Dans la
seconde séance où il exposait les principes du système
sexuel , il faisait l'éloge de la science des végétaux , il
en parlait avec l'enthousiasme d'un amant qui peint sa
maîtresse : « Je dois, disait-il, à l'étude des plantes
» de douces jouissances que j'aurais vainement cherchées
» ailleurs : elle m'a consolé dans mes chagrins ,
» soutenu dans mes malheurs , et préservé de ces
» passions violentes qui obscurcissent la raison, altè-
» rent la santé et nuisent à l'ordre social. »

Lors de la suppression des écoles centrales , M.
Willemet se serait trouvé éloigné de l'enseignement.
M. le Maire de Nancy , désirant de conserver parmi les
administrés le goût des sciences naturelles , proposa au
conseil municipal de rétablir la chaire qu'il occupait ;
ce projet adopté par le conseil , approuvé par M. le
Préfet , avec cette bienveillance qu'on devait attendre d'un
Magistrat et de citoyens aussi éclairés ; notre collègue conti-
nua à donner ses soins à ces végétaux nombreux qui sont
pour la plupart ses enfans ou ses élèves : il reprit ses cours
de botanique avec la même assiduité, et la mort qui
vient de nous l'enlever, (le 21 Juin 1807) , l'a surpris
au milieu de ses utiles travaux. Son zèle pour l'histoire
naturelle était infatigable ; il ne se contentait pas de

se tenir au courant des nouvelles découvertes par les ouvrages périodiques qu'il recevait en grand nombre ; il entretenait encore avec beaucoup de savans nationaux et étrangers une correspondance qui ne lui laissait rien ignorer des progrès de cette science. Pendant long-temps il a concouru à la rédaction de plusieurs journaux (1) ; il publiait en même temps, dans plusieurs autres ouvrages périodiques, des mémoires, des dissertations sur l'histoire naturelle, la matiere médicale et la pharmacie, des analyses d'ouvrages nouveaux, des notices historiques et critiques sur diverses productions ; enfin il fournissait à l'Encyclopédie Méthodique des articles pour la rédaction du Dictionnaire de Pharmacie. L'âge n'a pas même diminué cette activité : il a publié, en 1805, un ouvrage très-étendu sur les plantes de notre pays, sous le nom de *Phytographie Encyclopédique de l'ancienne Lorraine*, *etc.* dont les savans ont parlé avec éloge. En outre, il a laissé un grand nombre de manuscrits dans lesquels on distingue un dictionnaire bibliographique des auteurs naturalistes, plus complet que tous ceux connus jusqu'à présent et auquel il a travaillé pendant toute sa vie. Ses vastes connaissances dans ce genre doivent faire désirer que cet ouvrage, dont l'utilité est sentie d'avance, soit un jour donné au public.

Des travaux aussi nombreux et aussi utiles lui ont acquis dans le monde littéraire une grande

---

(1) *Le magasin encyclopédique, le journal encyclopédique de Bouillon, la gazette salutaire de la même ville, celle imprimée à Deux-Ponts, sous le nom de gazette littéraire, les commentaires latins sur l'histoire naturelle, la physique et la médecine publiés à Leipsick.*

réputation , à laquelle plusieurs savans ont fait hommage de leurs productions ou de leurs découvertes. M. Millin lui a dédié un volume du Magasin Encyclopédique ; M. Uster, un tome des Annales de Botanique ; M. Necker, Directeur des jardins de l'Electeur Palatin, lui a consacré une plante sous le nom de *Willemetia hieracioïdes ;* MM. Durande , Delarbre et Godfrin lui ont fait de semblables dédicaces.

M. WILLEMET avait toutes les vertus sociales ; bon citoyen, bon époux, tendre père. Il faisait le bonheur de sa famille ; généreux, confiant, toujours disposé à obliger, il servait ses amis avec chaleur. Sa bibliothèque qui est nombreuse et bien choisie, était une propriété dont il ne voulait pas jouir sans eux ; ils y puisaient à leur gré, et ce qui ne leur était pas moins avantageux, sa grande érudition les guidait sûrement dans leurs recherches. Des qualités aussi précieuses l'ont fait regretter à jamais, je ne dis pas de ceux qui lui étaient attachés par les liens de l'amitié, mais de tous ceux qui avaient eu avec lui quelques relations. J'en atteste ces larmes abondantes que vous avez vues couler sur sa tombe, lorsque l'un de nos collègues, M. Mandel, lui adressa les derniers adieux de l'amitié désolée. Sa constitution n'était pas celle qui dispose aux passions violentes ; aussi n'a-t-il pas eu à la mort ces douleurs qui la rendent quelquefois plus terrible. Dans le cours d'une maladie de vingt-quatre jours, le principe de la vie s'est éteint par degré ; il a cessé de vivre plutôt qu'il n'a péri. Que dis-je, il a péri ? non, Messieurs, il vit encore parmi nous ; les bons exemples qu'il nous a laissés, les connoissances dont il nous a enrichis, nous conservent pour toujours la meilleure partie de lui-même.